BEI GRIN MACHT SICH IHR
WISSEN BEZAHLT

- Wir veröffentlichen Ihre Hausarbeit, Bachelor- und Masterarbeit

- Ihr eigenes eBook und Buch - weltweit in allen wichtigen Shops

- Verdienen Sie an jedem Verkauf

Jetzt bei www.GRIN.com hochladen und kostenlos publizieren

Ramona Schilling

Images of Gender

GRIN Verlag

Bibliografische Information der Deutschen Nationalbibliothek:

Die Deutsche Bibliothek verzeichnet diese Publikation in der Deutschen National-
bibliografie; detaillierte bibliografische Daten sind im Internet über http://dnb.d-
nb.de/ abrufbar.

Impressum:

Copyright © 2012 GRIN Verlag GmbH
Druck und Bindung: Books on Demand GmbH, Norderstedt Germany
ISBN: 978-3-656-47927-7

Dieses Buch bei GRIN:

http://www.grin.com/de/e-book/231185/images-of-gender

GRIN - Your knowledge has value

Der GRIN Verlag publiziert seit 1998 wissenschaftliche Arbeiten von Studenten, Hochschullehrern und anderen Akademikern als eBook und gedrucktes Buch. Die Verlagswebsite www.grin.com ist die ideale Plattform zur Veröffentlichung von Hausarbeiten, Abschlussarbeiten, wissenschaftlichen Aufsätzen, Dissertationen und Fachbüchern.

Besuchen Sie uns im Internet:

http://www.grin.com/

http://www.facebook.com/grincom

http://www.twitter.com/grin_com

Portfolio zu "Images of Gender"

Ramona Schilling

Inhalt

Bettinger, Elfi: Crime in Drag. Kleidertausch und Rechtsbruch im England der frühen Neuzeit am Beispiel von Mary Frith alias Moll Cutpurse

In Ihrem Aufsatz *Crime in Drag* stellt die Autorin Elfi Bettinger Mary Frith, eine bekannte Verbrecherpersönlichkeit Englands im 15. Jahrhundert, unter Einbezug des Theaterstücks *The Roaring Girl* von Thomas Middleton und Thomas Dekker, vor, das noch zu ihren Lebzeiten im Jahre 1611 aufgeführt wurde. Frith, die auch als *Moll Cutpurse* bekannt war, stand Vorbild für das Schauspiel. Im Weiteren diente auch Frith Biographie dazu, das Leben einer Frau in Männerkleidung darzustellen.

Bettinger beginnt ihren Aufsatz mit einigen einleitenden Worten zur Situation von *Cross-dressing* in England. Die Diskussion um das Tragen von Männer- bzw. Frauenkleidern des anderen Geschlechts geht weit zurück und ein Verbot desselben ist sogar in der Bibel nachzulesen. Im Zuge der Entwicklung des öffentlichen Theaters, bei dem Männer in Frauenkleidern auf der Bühne standen und sich auch das anwesende Publikum in seiner Herkunft stark voneinander unterschied, veranlasste König James I. 1620 seinen Klerus dazu, den Frauen, den *unruly women,*[1] das Tragen von Männerkleidern und das Kurzschneiden ihrer Haare zu verbieten. Hinter der strikten Kleiderordnung steckte die Angst, die gesamte, von Gott gewollte, (Standes-) Ordnung zu verlieren. Durch die Kleiderordnung sollte also Beständigkeit verliehen werden. Bettinger stellt nun jedoch fest, dass alles was Stabilität garantieren soll auch Möglichkeiten zur Täuschung öffnet.

Interessant ist, dass sich die Kleiderordnung von James I. in der frühen Neuzeit nur auf den Stand, nicht aber auf das Geschlecht bezog und somit Transvestismus nicht verboten war. Schließlich war es durch Einbußen im Tuchhandel jedem, der es sich leisten konnte, möglich Kleidungsstücke zu kaufen, selbst wenn er sie laut Gesetz nicht tragen durfte. Dennoch wurden Fälle von „*Cross dressing*"[2] vor der Kirche verhandelt, bei denen auch Mary Frith als Angeklagte auftaucht.

Im Theaterstück *The Roaring Girl* steht Moll Cutpurse im Mittelpunkt einer Geschichte über Heirat, Geld und Liebe, die im ökonomischen Milieu spielt und auch eine sexuelle, die Geschlechterordnung störende, Komponente aufweist. Zweideutigkeit spielt eine große Rolle im Stück, was sich in der (transvestischen) Kleiderwahl einiger Protagonisten und vor allem

---

[1] Bettinger, Elfi: Crime in Drag. Kleidertausch und Rechtsbruch im England der frühen Neuzeit am Beispiel von Mary Frith alias Moll Cutpurse, in: Bettinger, Elfi/Funk, Julika (Hrsg.): Maskeraden. Geschlechterdifferenz in der literarischen Inszenierung, Berlin 1995, S. 61-81, S. 61.
[2] Ebd. S. 63.

der von Moll Cutpurse zeigt, aber bereits bei doppeldeutigen Namen beginnt. Die geschlechterübergreifende Kleiderwahl wird durch Orte wie dem Theater als Ort von Täuschung und Tausch verstärkt.

Zusammenfassend zitiert Bettinger Marjorie Garber: „*The Roaring Girl* is a play about the circulation of parts, about woman with penises and testicles and man who lack them."[3] Moll Cutpurse stellt im Stück eine außergewöhnliche Frau dar, da sie gegen Ehe und Prostitution ist, jedoch den zeittypischen Werten nicht vollständig entfliehen kann, wenn sie, wie damals üblich, über „untreue, verschwendungssüchtige Ehefrauen"[4] klagt. Zusätzlich ist sie dafür verantwortlich, dass zwei der Protagnisten trotz Hindernissen doch heiraten können.

Moll Cutpurse ist weder männlich noch weiblich sondern etwas neues „Drittes," bei dem männliche und weibliche Begriffe nicht richtig passen, bei dem die natürliche Ordnung ins Wanken gerät. Obwohl sie als transvestische Protagonistin gesehen werden kann, wird im Spiel auch betont, dass sie jungfräulich lebt und die ihr vorgeworfene Unzucht ebenso wenig haltbar ist wie ihre angebliche Verstrickung in kriminelle Machenschaften. Im Gegenteil gibt sie gestohlene Ware wieder an die Besitzer zurück. Am Ende bleibt lediglich ihr Transvestismus als von der Norm abweichendes Verhalten übrig. Doch im Schlussmonolog des Stücks wird auch dies relativiert und Moll Cutpurse als „Vielleicht-doch-Ehefrau"[5] zurückgelassen. So ist sie schließlich eine Figur, die „zur Hüterin der patriarchalen Ordnung"[6] wird.

Im zweiten Teil des Aufsatzes beschäftigt sich Bettinger mit der realen Vorlage des Theaterstücks, also mit Mary Frith und ihrem Lebensbericht. Auch dort wird Marys Besonderheit und das Tragen von Männerkleidung hervorgehoben und als Sinnbild des herrschenden Konfessionsstreites und der sich wandelnden Welt genutzt. Außerdem werden aktuelle Diskurse besprochen, in denen Marys Devianz untersuchbar ist. Hierbei geht es um die Darstellung Marys als *Hermaphrodite*[7], zusätzlich wird ihre Andersartigkeit versucht mit ihrer Herkunft, ihrer Familie und ihrem Geburtsort zu erklären. Mary wird in ihrem Lebensbericht äußerst positiv geschildert. Sie bekommt keine typischen Frauenkrankheiten, ist intelligent und immun gegen fleischliche Genüsse. Trotzdem erkennt Mary in ihrem Tagebuch selbst, dass sie für andere unnormal wirkt, auch wenn sie sich selbst nicht so

---

[3] Ebd. S. 66.
[4] Ebd. S. 67.
[5] Ebd. S. 70.
[6] Ebd. S. 71.
[7] Ebd. S. 72.

empfindet. Einen Unterschied zum Theaterstück sieht die Autorin, dass Mary nicht als Figur des Ausgleichs, sondern des Austauschs dargestellt wird und deutlich mehr ins (politisch motivierte) kriminelle Gewerbe einsteigt, als ihr literarisches Pendant. Sie lebt in Verschwendungssucht und muss am Ende ihres Lebens in Frauenkleidern sterben, da ihr Körper von der Wassersucht so angeschwollen ist, dass ihr nichts mehr passt außer einem Büßergewand. Außergewöhnlich erscheint Bettinger eine Episode aus Marys Tagebuch, in der sie einen männlichen Transvestiten trifft. In „natürlicher Abscheu"[8] und Angst um ihre eigene Stellung lässt sie diesen verprügeln und aus der Stadt verjagen. Mary fürchtet, dass ihre eigene Künstlichkeit von ihrer Umgebung wahrgenommen wird und sie so die Macht über ihre Selbstrepräsentation verliert.

Erhart, Walter: Männlichkeitsforschung und das neue Unbehagen der Gender Studies

Walter Erhart versucht in seinem Aufsatz, ausgehend von Johnathan Franzens Roman *The Corrections,* die „Theory of Masculinism"[9] vorzustellen und das neue Unbehagen der Gender Studies im Umgang mit jener Theorie zu erläutern.

Die Gender Studies zogen als nötige Folge eine Männlichkeitsforschung nach sich und beide haben Schwierigkeiten in der genauen Definition von Geschlechterrollen gemein. Das biologische und das soziale Geschlecht sind nicht als eine Einheit zu betrachten, was laut Autor erst in der modernen Geschlechterforschung zu einer Selbstverständlichkeit wurde. Mit dieser Erkenntnis begann auch die Beschäftigung der Gender Studies mit der *Männlichkeit.* Zwei verschiedene Arten von Männlichkeit gibt es nun, die in der Forschung betrachtet werden:

Erstens die Erkenntnis, dass es sich nicht um die *Männlichkeit,* sondern um unterschiedliche *Männlichkeiten* handelt. Diese Mehrzahl kann sowohl für verschiedene historische Männlichkeitskonzepte gelten, als auch für die Anwesenheit von diversen Männlichkeiten in einer Gesellschaft. Was als Männlichkeit gilt ist in den Jahrhunderten und auch innerhalb eines Gesellschaftssystems verschieden definiert worden. Wie Erhart es ausdrückt: Männlichkeit ist „nicht eins."[10]

---

[8] Ebd. S. 78.
[9] Erhart, Walter: Männlichkeitsforschung und das neue Unbehagen der Gender Studies, in: Müller, Sabine Lucia/Schülting, Sabine (Hrsg.): Geschlechter-Revisionen. Zur Zukunft von Feminismus und Gender Studies in der Kultur- und Literaturwissenschaften, Königstein 2006, 77-100, S. 81.
[10] Ebd. S. 84.

Die Theorie von Freud aufgreifend erläutert der Autor in seinem zweiten Punkt, wie das Entstehen der Männlichkeit in den Gender Studies stets durch eine Abgrenzung und Loslösung von der Weiblichkeit, die ihren Ursprung in der Mutter-Kind-Beziehung findet, dargestellt wird. Als Beispiel dienen Klaus Theweleits *Männerphantasien*, die Männlichkeit als „psychisches Abwehrsystem dar[stellen, das] die Trennung von der Weiblichkeit"[11] zum Ziel hat. Gleichzeitig versucht der Mann diese Trennung durch Gewalt und Selbstzerstörung wieder zu eliminieren, was aus Männern Personen von äußerster Instabilität macht. Die Verbindung dieser äußeren und inneren Männlichkeit müsste laut Autor in der Forschung in den Mittelpunkt gerückt werden. Als mögliche Lösung dieses Problems verweist Erhart auf Leitbilder. Diese könnten die äußere Pluralität der Männlichkeiten widerspiegeln und gleichzeitig deren innere Psyche berücksichtigen, da sich ergeben hat, dass das Leben der Männer zwar zu Teilen individuell verläuft aber auch immer von Vorbildern und Geschichte(n) geprägt ist. Besonders hilfreich sind hierbei Familienromane, die den möglichen Verlust von Männlichkeit demonstrieren. Auch die Stellung zwischen Männlichkeit und Weiblichkeit wird in solchen Erzählungen besprochen.

Im dritten Abschnitt seines Aufsatzes, der mit den Worten „I am gendered, therefore I am" betitelt ist fasst Erhart noch einmal knapp die bisherigen Erkenntnisse und ihre Bedeutung zusammen: Männlichkeit ist eine vielgestaltige, widerspruchsvolle und künstliche Form, die Männern einerseits zwar Macht verleihen, sie aber andererseits auch in bestimmte Konventionen pressen kann. Erwähnt werden muss außerdem, dass sich männliche Kategorien auch auf das weibliche Geschlecht beziehen lassen, genau wie es umgekehrt der Fall bei weiblichen Zeichen sein kann. Diese Durchlässigkeit und Künstlichkeit der Grenzen zu zeigen ist eine Hauptaufgabe der Gender Studies und sie verkünden somit eventuell ein „Ende der Geschlechterdifferenz."[12]

Diese Zweifel an der Differenzierbarkeit der Geschlechter sieht der Autor als „neues Unbehagen der Gender Studies"[13] und kommt dabei unter Einbeziehung einiger Thesen von Judith Butler zu dem Ergebnis, dass diese Zweifel das Fortbestehen der Geschlechterdifferenz und die Auseinandersetzung, die stattfinden, hervorhebt. Aber auch der Gedanke, dass Männlichkeit, Weiblichkeit und deren Differenz nur künstliche Konstrukte sind, möchte Erhart negieren und argumentiert erneut mit Butler: „Geschlechterdifferenz ist weder gänzlich

---

[11] Ebd.
[12] Ebd. S. 88.
[13] Ebd. S. 89.

gegeben noch gänzlich konstruiert, sondern beides zu Teilen."[14] Erhart ist deswegen der Ansicht, dass sich der Blickwinkel der Gender Studies dahingehend verschieben sollte, von „einer prinzipiellen Gleichheit der Geschlechter"[15] auszugehen.

Im vierten und letzten Teil des Aufsatzes führt der Autor seine Überlegungen weiter aus indem er feststellt, dass für solche Erkenntnisse neue Kategorien entworfen werden müssten, die die festgelegten Differenzen zwischen den Geschlechtern überschreiten. Dies könnte beispielsweise in der Männlichkeitsforschung geschehen, wenn diese es schafft, die Stereotypen der Männer als Personen zwischen Macht und Instabilität weiterzuführen. Die Instabilität soll hierbei nicht mehr als Krise sondern als Möglichkeit und als Bestandteil von „Männlichkeit" gesehen werden.

In der Moderne gibt es zwar noch weiblich bzw. männlich besetzte Zuordnungen, die auch beibehalten werden sollen, doch tritt heraus, dass sich Männer und auch Frauen Zuordnungen des anderen Geschlechts aneignen können.

Aus diesen Unsicherheiten bezüglich der Geschlechterdifferenz ergibt sich, so Erhart, eine neue Formulierung jener Differenz als „Verlangen nach Artikulation."[16] Um dieses Verlangen zu erläutern fragt sich der Autor in Anlehnung an einige andere Forscher, warum in der modernen Gesellschaft überhaupt noch von einer Geschlechterdifferenz gesprochen wird. Er schlägt vor, den Blick der Gender Studies weg von der Homosexualität hin zur Heterosexualität zu wenden, die durch ihre Darstellung als sexuelle Einengung bisher im Hintergrund stand. Und schließlich möchte Erhart den Blick darauf lenken, die Geschlechterdifferenz als produktive Kategorie zu begreifen und dabei nicht das Augenmerk auf die Ungleichheit der Geschlechter zu legen, sondern darauf, an welchen Stellen sie sich ergänzen können, produktiv erscheinen und wann sie sich eher im Wege stehen.

Girard, René: Das „trianguläre" Begehren

Die Geschichte von Don Quijote beschreibt das Verhältnis von Subjekt (Don Quijote) zu einem Objekt mit Hilfe eines *Mittlers* (Amadis),[17] der nicht unbedingt real sein muss. Diese Dreiecksbeziehung wird auch als *Triangulum*[18] bezeichnet. Damit das Dreieck stabil bleiben kann, müssen Subjekt, Objekt und Mittler voneinander distanziert sein. So kann Amadis, als

---

[14] Ebd. S. 91.
[15] Ebd. S. 93.
[16] Ebd. S. 95.
[17] Girard, René: Das "triangüläre" Begehren, In: Girard, René: Figuren des Begehrens. Das Selbst und der Andere in der fiktionalen Realität, Wien 1999, S. 11 - 60, S. 12.
[18] Ebd. S. 12. .

fiktive Person niemals mit dem Subjekt oder Objekt in Berührung kommen. Dies wird als „externe Vermittlung"[19] bezeichnet. Sollte die Distanz zu klein sein und sich Berührungspunkte ergeben, findet eine „interne Vermittlung"[20] statt.

Die Auswirkungen, die ein (fiktiver) Mittler dabei erreicht, sind von entscheidender Bedeutung, da er das (reale) Verlangen/Begehren nach einem Objekt weckt, indem „das Prestige des Mittlers"[21] auf das Objekt abfärbt und dadurch „das Objekt [...] in einem trügerischen Glanz aufschein[t]."[22] Nicht selten verschwimmt dabei die Grenze zwischen Wunschdenken und Realität. Sobald das Ziel des Begehrens ein Vorbild im Sinne einer Person ist, ist eine mögliche und wahrscheinliche Reaktion das Kopieren des Vorbilds, hauptsächlich bezüglich ihrer äußerlichen Eigenschaften. Dieses Verhalten wird auch als *Eitelkeit*[23] bezeichnet. Oftmals ist die genannte Eigenschaft Ausgangspunkt bzw. Notwendigkeit zur Erschaffung eines Mittlers, da man ihn als *Rivalen*[24] sehen kann, der das Objekt ebenfalls begehrt und somit das eigene Begehren steigert. Es entsteht ein Konflikt, bei dem der Mittler gleichzeitig als Vorbild und Rivale fungieren kann (aber nicht muss) und endet in einem Hassgefühl des Subjektes, wenn die Befriedigung durch den Mittler untersagt wird. Dieses Gefühl ist ambivalent, da das Subjekt realisiert, dass dem Hass immer auch Bewunderung für den Mittler beiwohnt. Allerdings möchte das Subjekt das Gefühl verstecken und behauptet daher meist, dass sein Begehren für das Objekt schon vor dem Auftauchen des Mittlers existierte, und dieser es ihm wegnehmen will.

Ähnlich verhält es sich mit der triangulären Eifersucht, für die ebenfalls ein Subjekt, ein Objekt und der Mittler vorhanden sein müssen. Als Eifersucht kann das kurzzeitige Stören des Begehrens bezeichnet werden. Als dritte trianguläre Beziehung ist der Neid zu nennen, der entsteht, wenn das Subjekt erkennt, dass es das begehrte Objekt nicht erreichen kann.

Doch diese Gefühle/Beziehungen, bei Don Quijote noch explizit erwähnt, werden ab der Romantik zu vertuschen versucht. Es entsteht die Illusion, dass das Begehren durch das Subjekt initiiert ist, ein typisches Merkmal der Eitelkeit.

Somit existieren zwei Romangattungen, eine bei der der Mittler explizit genannt wird und eine bei der er in den Hintergrund tritt. Die eine bezeichnet man als *romantisch*[25], die andere

---

[19] Ebd. S. 18.
[20] Ebd.
[21] Ebd. S. 26.
[22] Ebd. S. 27.
[23] Ebd. S. 15.
[24] Ebd. S. 16.
[25] Ebd. S. 26.

als *romanesk*.[26] Diese parallelen Eigenschaften gelten ebenso für das Begehren wie es Don Quijote bzw. das eitle Begehren zeigen: „Es ist nicht dieselbe Illusion, doch in beiden Fällen ist Illusion im Spiel"[27]

Als ein typischer Charakter triangulärer Beziehungen ist der Snob zu nennen, nach Marcel Proust ein Typus, der ständig versucht eine Person zu kopieren. Allerdings ist er dabei nicht nur auf eine bestimmte Art des Begehrens fixiert, sondern ist was den Bezug, auf beispielweise Essen, Kunst oder Liebe, angeht sehr flexibel. Dies ermöglicht als Schlussfolgerung Gemeinsamkeiten „von Liebe aus Eifersucht und Snobismus"[28] zu finden und sie als ebenbürtig anzusehen, wobei die Gesetzmäßigkeit dieser Beziehung mit denen der *inneren Vermittlung* übereinstimmt.

Doch wie entsteht das Begehren nach einem Objekt, das man selbst noch nicht gesehen hat? Ein Berührungspunkt mit dem Bewusstsein des Subjektes ist dabei die zwingende Voraussetzung. Dieser wird durch den Vermittler initiiert, indem er die Schönheit des Objekts beschreibt, also eigentlich selbst begehrt. Die Macht des Mittlers geht sogar soweit, dass eigene Erfahrungen mit dem Objekt revidiert bzw. vergessen werden und den Aussagen des Mittlers geglaubt wird.

Nach Proust gibt es Gemeinsamkeiten des Begehrens zwischen einem Kind und einem Snob. So lässt sich festhalten, dass „der Snob […] nicht mit weniger Intensität als das Kind"[29] begehrt. Prousts Romane, die sich alle mit triangulären Gefühlen befassen, zeigen, dass es immer eine Gleichwertigkeit von „Begehren und Haß"[30] bzw. „Liebe und Eifersucht"[31] geben muss.

Dostojewskij beschäftigt sich ebenso mit dem Thema des Mittlers und Girard stellt fest, dass von Proust bis zu Dostojewskij „der Mittler immer näher rückt."[32] Somit beschreibt Dostojewskij die Auswirkungen am drastischsten, was wiederum zur Offenbarung des Mittlers führt. Jedoch verschiebt sich die Bedeutung des Objektes hin zum Mittler, was sogar so weit gehen kann, dass bei einem Verschwinden des Objekts das Begehren nicht verschwindet, da „der Mittler,[…], eine unbezwingbare Anziehungskraft"[33] ausübt. Am

---

[26] Ebd.
[27] Ebd. S. 27.
[28] Ebd. S. 33.
[29] Ebd. S. 42.
[30] Ebd. S. 48.
[31] Ebd.
[32] Ebd. S. 49.
[33] Ebd. S. 53.

Ende stellt das Subjekt dem Vermittler, „wie ein Gläubiger der Gottheit"[34], ein neues Objekt zur Verfügung und liefert sich somit wieder einer „neuen Katastrophe, zitternd vor Angst und Begehren"[35] aus. Dass somit eine erotische Komponente ins Spiel kommt, darf nicht außer Acht gelassen werden. Schlussendlich muss angenommen werden, dass alle, von Don Quijote über die Charaktere von Proust bis zu Dostojewskij, nicht ohne ein trianguläres Begehren leben können, bei dem „innige Freundschaft"[36] und „starkes Rivalitätsgefühl"[37] gleichermaßen notwendig sind.

Kraß, Andreas: Queer Studies - eine Einführung

Die Diktatur der Heterosexualität

Die Welt ist weitgehend heterosexuell bestimmt, was es für einen homosexuellen Menschen schwierig macht darin zurechtzukommen. Lebensmodelle, die von der sexuellen Norm abweichen, werden kritisch betrachtet oder sogar diskriminiert. Die Familienpolitik benachteiligt gleichgeschlechtliche Lebensgemeinschaften immer noch, auch wenn es ein Fortschritt ist, dass Strafen für sexuelle Handlungen zwischen Männern mittlerweile abgeschafft sind. Ein Adoptionsrecht wird gleichgeschlechtlichen Paaren allerdings untersagt. Gegner der gleichgeschlechtlichen Partnerschaften finden sich in rechten Parteien, Bischöfen und auch der Landesregierung. Diese betonen „den Schutz von Ehe und Familie als Ort der Erzeugung und Erziehung von Nachkommenschaft."[38] Verteidiger des Gesetzes für gleichgeschlechtliche Beziehungen weisen daraufhin, dass auch kinderlose Ehepaare besondere Rechte genießen, obwohl sie, wie homosexuelle Paare keine Kinder aufziehen. Die Gegner argumentieren hier wiederum, dass die Ehepaare trotz ihrer Kinderlosigkeit in Familientraditionen verbunden seien.

Andreas Kraß zeigt mehrere Gründe auf, die für gleiche Rechte bei homosexuellen Partnerschaften sprechen und die Argumente der Gegner widerlegen. Homosexuelle Paare sind ebenso in eine Familie eingebunden wie heterosexuelle. Außerdem sind sie zeugungsfähig und hegen den selben Kinderwunsch. Widersprüchlich ist die Aussage der homophoben Parteien, die den homosexuellen Paaren einerseits vorwerfen keine Kinder zu bekommen, ihnen aber gleichzeitig die Adoption untersagen. Auffällig ist, dass es in allen

---

[34] Ebd. S. 58.
[35] Ebd. S. 54.
[36] Ebd. S. 58.
[37] Ebd.
[38] Kraß, Andreas: Queer Studies - eine Einführung, in: Ders. (Hrsg.): Queer denken. Gegen die Ordnung der Sexualität, Frankfurt am Main 2003, 7-28, S. 9.

10

Diskussionen um gleichgeschlechtliche Partnerschafen eher um die heterosexuelle Familie geht, anstatt darum einen positiveren Lebensplan für eine gesellschaftliche Minderheit zu entwerfen.

Die Erfindung der Homosexualität

Im zweiten Unterkapitel der Einleitung beschäftigt sich Kraß mit dem Begriff Homosexualität und seinem veralteten Pendant, der Sodomie. Bezeichnet diese heutzutage sexuelle Handlungen mit Tieren, galt das Wort im Mittelalter und auch heute noch in englischsprachigen Ländern als Überbegriff von allen sexuellen Handlungen, die sich nicht auf den Vaginalverkehr beziehen. Vor allem geht es dabei um Handlungen zwischen zwei Männern, die in 18 Bundesstaaten der USA immer noch rechtlich verboten sind, während ein ähnliches Gesetz in Deutschland 1994 abgeschafft wurde. Wichtig ist es dem Autor zu betonen, dass es in den Gesetzen meist nur um Handlungen zwischen Männern geht, während die Liebe zweier Frauen einfach ignoriert wurde.

Das Wort Homosexualität entstand erst im 19. Jahrhundert und wurde als eine vom Arzt diagnostizierte Krankheit beschrieben, sie galt auch nicht als freiwilliges Verhalten sondern als angeboren. Somit entstanden erste Bewegungen, die versuchten, die Homosexualität zu Entkriminalisieren.

Zur Genealogie der Queer Theory

In den 70er und 80er Jahren des 20. Jahrhunderts entwickelte sich mit dem Christopher Street Day eine umfassendere Schwulen- und Lesbenbewegung. Diese wollten nicht mehr mit dem Begriff der Homosexualität bezeichnet werden, da sie ihn als „uniformiert", „sexualisiert" und „pathologisiert"[39] empfanden, sich selbst aber eher politisch definierten. Hier kommt der umgangssprachliche Begriff *gay* ins Spiel. In diesem Zuge fand auch eine Destabilisierung der Homosexuellen Bewegung statt. Lesbische Gruppierungen sahen sich eher mit anderen Frauen verbunden als mit den Schwulen.

In den 90er Jahren entsteht schließlich die Queer Theory. Queer bedeutet im so viel wie „verquer"[40], wurde ab dem 20. Jahrhundert aber auch als Wort für Schwule und Lesben benutzt. Diese Bezeichnung wurde nun aufgegriffen um eine Forschungsrichtung zu bezeichnen, die die „Denaturalisierung normativer Konzepte von Männlichkeit und

---

[39] Ebd. S. 16.
[40] Ebd. S. 17.

Weiblichkeit, die Entkoppelung der Kategorie des Geschlechts und der Sexualität, die Destabilisierung des Binarismus von Hetero- und Homosexualität sowie die Anerkennung eines sexuellen Pluralismus"[41] in den Mittelpunkt stellt.

Queer Theory als kulturwissenschaftliches Projekt

In seinem letzten Unterkapitel versucht Kraß drei Grundzüge der Queer Studies vorzustellen: Der erste Punkt beschäftigt sich mit Judith Butler, deren *Unbehagen der Geschlechter* von 1990 die Probleme der Performativität bespricht. Butler trennt die Begriffe *„sex* (biologisches/anatomisches Geschlecht), *gender* (soziales Geschlecht) und *desire* (sexuelles Begehren)."[42] Die heterosexuelle Zuordnung entwickelt sich also rein kulturell und das soziale Geschlecht muss nicht mit dem anatomischen Geschlecht in Verbindung stehen.

Der zweite Punkt untersucht die Historizität mit Hilfe Foucaults Argumentation aus *Der Wille zum Wissen*, durch den ein „tragfähiges theoretisches und methodisches Fundament"[43] zur Verfügung gestellt wird, das die Möglichkeit eröffnet, „Sexualität zu historisieren und denaturalisieren."[44] Dabei ergibt sich eine Folge von Diskursen zu Päderastie, Sodomie und Homosexualität.

Der dritte Punkt befasst sich mit dem sogenannten *Queer Reading*, einer Leseweise, die mit verschiedenen Methoden nach „erotischen Subtexten und Schattengeschichten"[45] sucht. Dabei geben diese Subtexte eben nicht das Begehren des Autors, des Erzählers bzw. der Figuren wieder. Eve Segdwick schlägt vor, den literarischen Kanon so zu beeinflussen, dass sich entweder ein Kanon nur mit homosexuellen Autoren bildet oder die Texte eines schon existierenden Kanons mit Hilfe der Queer Reading Methoden neu untersucht werden. Dabei stellt sich allerdings die Frage, was mit Autoren wie Thomas Mann oder Oscar Wilde geschieht, die theoretisch in beide Kategorien passen würden.

---

[41] Ebd. S. 18.
[42] Ebd. S. 20.
[43] Ebd. S. 21.
[44] Ebd.
[45] Ebd. S. 22.

Kraß, Andreas: Queer lesen. Literaturgeschichte und Queer Theory

In seinem Aufsatz *Queer lesen* beschäftigt sich Andreas Kraß mit drei Gründen, die seiner Meinung nach dazu führten, dass „die historische Literaturwissenschaft [...] zu den produktivsten Forschungsfeldern der *Queer Theory*"[46] gehört.

Im ersten Punkt soll es um die Problematik der Literaturkritik gehen, da diese meist innerhalb der Literaturgeschichte die Heterosexualität als Norm darstellt. Die Aufgabe der *Queer Theory* ist es nun, der Bildung eines solchen Literaturkanons zumindest teilweise entgegenzuwirken. Als praktisches Beispiel führt Kraß einen, von Marcel Reich Ranicki zusammengestellten, Kanon vor, der die für ihn 20 wichtigsten Romane deutschsprachiger Literatur enthält und offenkundig nach zwei Regeln zusammengestellt wurde. Kraß kritisiert jedoch, dass es weitere versteckte Regeln gibt: Ein Großteil der Romane beinhaltet homoerotische Aspekte.

Daher scheint ein Kanon nötig, der nur homosexuelle Autoren umfasst. Der der Queer Theory zu Grunde liegende Aspekt der Ignoranz sexueller Grenzen würde in diesem Kanon allerdings verletzt, da man nur die Sexualität der Autoren betrachten müsste. Laut Eve Sedgwick kann dieses Problem umgangen werden, indem man das Begehren der Texte zu erfassen versucht, indem man sie *queer* liest.

Im zweiten Punkt, der die Literaturwissenschaft und die Literatursemiotik betrifft, werden die „homosozialen Tiefenstrukturen"[47] vor allem fiktionaler Texte mit einer von Eve Sedgwick entwickelten Theorie sichtbar gemacht. Sie führt den Begriff des „homosozialen Begehrens"[48] ein, der die, nicht zwangsläufig sexuellen, Beziehungen von Männern in Bereichen wie Verwandtschaft oder Arbeitswelt beschreibt. Sedgwick vertritt dabei die Theorie, dass sich diese Beziehungen nicht direkt von Mann zu Mann, sondern indirekt über andere Personen wie z.B. die Mutter aufbauen. Dies stellt eine Weiterentwicklung des von René Girard entwickelten Lektüremodels des triangulären Begehrens dar.

Im dritten Punkt erläutert Kraß warum die Literaturgeschichte hilfreiche und sogar relativierende Einblicke auf „die gegenwärtige Dispositive der Hetero- und Homosexualität"[49] bietet. Dies soll am Beispiel des Romans *Tristan und Isolde* geschehen, auch wenn die Theorie, dass es sich bei der Verbindung zwischen Marke und Tristan um eine Beziehung

---

[46] Kraß, Andreas: Queer lesen. Literaturgeschichte und Queer Theory, in: Frey, Therese/Rosenthal, Caroline/Väth, Anke (Hrsg.): Gender Studies. Wissenschaftstheorien und Gesellschaftskritik, Würzburg 2004, 233-248, S. 233.
[47] Ebd. S. 233.
[48] Ebd. S. 239.
[49] Ebd. S. 233.

homosexueller Natur handelt, in der Forschung umstritten ist. Zu zeigen ist, dass Geschlechterordnungen, die sich durch die Geschichte und die Kultur ergeben, eben nicht als feststehende Natürlichkeit gelten können.

Literaturverzeichnis

Bettinger, Elfi: Crime in Drag. Kleidertausch und Rechtsbruch im England der frühen Neuzeit am Beispiel von Mary Frith alias Moll Cutpurse, in: Bettinger, Elfi/Funk, Julika (Hrsg.): Maskeraden. Geschlechterdifferenz in der literarischen Inszenierung, Berlin 1995, S. 61-81.

Erhart, Walter: Männlichkeitsforschung und das neue Unbehagen der Gender Studies, in: Müller, Sabine Lucia/Schülting, Sabine (Hrsg.): Geschlechter-Revisionen. Zur Zukunft von Feminismus und Gender Studies in der Kultur- und Literaturwissenschaften, Königstein 2006, S. 77-100.

Girard, René: Das „trianguläre" Begehren, In: Girard, René: Figuren des Begehrens. Das Selbst und der Andere in der fiktionalen Realität, Wien 1999, S. 11 - 60.

Kraß, Andreas: Queer Studies - eine Einführung, in: Ders. (Hrsg.): Queer denken. Gegen die Ordnung der Sexualität, Frankfurt am Main 2003, S. 7-28.

Kraß, Andreas: Queer lesen. Literaturgeschichte und Queer Theory, in: Frey, Therese/Rosenthal, Caroline/Väth, Anke (Hrsg.): Gender Studies. Wissenschaftstheorien und Gesellschaftskritik, Würzburg 2004, S. 233-248.